ミッチーの
日本語・英語で
ことばあそび

絵っ？でみる
ことわざ・慣用句

はせみつこ＆中畝治子

かもがわ出版

この本の使い方・あそび方

ことわざは、昔から伝えられてきた生活の知恵や、生きていく上での大切な教えを皮肉や風刺を込めて表現します。慣用句は、ふたつ以上のことばを組み合わせて特別な意味を表します。どちらも、人々の生活の中から生まれたものです。この本ではあいうえお順に並べています。

おとなの人から、こんなことばを聞いたことがありませんか?「くさくって鼻が曲がりそうだ!!」えっ? 鼻が曲がるってどういうこと? それは大変だ?! それを絵にしてみたのが?のページです。それがどういう意味かを表現したのが◎のページです。

読み方はローマ字で示しています。

💡マークは、絵に描かれたモノ・コトについての豆知識や、日本の文化・習慣を知らない人への説明を示しています。

◎のページのところどころに出てくる【idiom】は、同じ意味の英語のことわざ・慣用句を紹介しています。

まず?のページの絵を見て、どんな意味だか考えたり、気づいたことや知っていることをおしゃべりしたりしてみてください。

声に出して読んでみてください。むずかしいことばは辞書で調べてみるのもいいですね。

ほかの国のことばで似たような意味のことわざ・慣用句がないか、だれかに聞いたり調べてみたりするのもいいと思います。

からだを使って、ことわざを表現してみるのはどうでしょう。

コピーをとって色を塗るのもおもしろいですね。

新しいことわざや慣用句をつくってみるのもおすすめ。

子どももおとなも、外国につながる人もいっしょに、ことばで自由にあそんでみてください。

案内役は、ことばの妖精ミッチーと犬のポチです。

2

開いた口が
ふさがらない

[Aita kuchi ga fusagaranai]

I can't close my mouth.

 【額帯鏡】 反射鏡で光を集めて照らし、真ん中の穴から耳やのどの奥を見る、耳鼻科のお医者さんの必需品。

01 あまりにも驚き、あぜんとするようす。

Used to describe when someone is
so surprised or shocked.

【Idiom】 "jaw-dropping"

どろんこ遊びはサイコー!!

あごが落ちそう  02

[Ago ga ochisō]

My jaw is about to fall off.

02 食べ物がとてもおいしいことのたとえ。

Something that is very delicious.

 【なべもの】 寒い冬の日に煮ながら食べる料理。野菜やキノコ、肉、魚など、いろいろ入れるから栄養満点で、おすもうさんは一年中食べているよ。

あごがはずれる 03

[Ago ga hazureru]

My jaw *came off.*

 【くるみ割り人形】 ドイツの伝統工芸品。口の部分に丸ごとのくるみをかませて、カラをくだく。王様や兵隊のかたちをしているよ。

03 おかしくて、大笑いすること。

Something that is very funny
and causes you to laugh.

 【ふくわらい】 お正月の伝統的な遊び。顔の輪かく上に、目や鼻などを、目かくしして置いていく。おもしろい顔ができるから、みんなで大笑い。

足がはやい 04

あし

[Ashi ga hayai]

Have fast legs.

04 食べ物が腐りやすくて長持ちしないこと。

Food that spoils very quickly and does not keep.

 【にぎりずし】 生の魚などを使うから、新鮮でないと食べられない。にぎりずしといえば、回転ずしだね。ねたは何が好き？

足がぼうになる 05

[Ashi ga bōni naru]

Have legs becoming sticks.

【ピエロ】 サーカスなどで人を笑わせる役者。みんなをおもしろがらせよ
うと竹馬に乗っているから、ズボンをめくっちゃダメだよ。

11

05 長く立っていたり、歩き続けたりして、足が非常に疲れること。

When one's legs start to hurt from standing still or walking too long.

 【鳥居】　長い長い石段を登ったところに鳥居が見えるね。鳥居は神社の入り口を示す門だよ。

足をあらう 06

[Ashi o arau]

Wash one's feet.

06 今までしてきた<ruby>悪<rt>わる</rt></ruby>いことをやめて、まじめになること。

To stop doing something bad and to try to be good.

【Idiom】"wash your hands of something"

💡 【**暴走族**】 オートバイなどで<ruby>騒音<rt>そうおん</rt></ruby>をたてながら<ruby>走<rt>はし</rt></ruby>り<ruby>回<rt>まわ</rt></ruby>る<ruby>集団<rt>しゅうだん</rt></ruby>。<ruby>郵便<rt>ゆうびん</rt></ruby>もオートバイで<ruby>配達<rt>はいたつ</rt></ruby>するね。「〒」は<ruby>郵便局<rt>ゆうびんきょく</rt></ruby>などを<ruby>示<rt>しめ</rt></ruby>すシンボルマークだよ。

足を引っぱる 07

あし ひ

[Ashi o hipparu]

パパ、あそんでよー!!

Pull someone's leg.

07 他の人の成功や出世をじゃますること。また、意図せずさまたげとなること。

To keep someone from succeeding or advancing, even if it is not intentional.

ミッチーは足がおそすぎる

 【リレー】 何人かの選手が次々と交代して速さを競う競技をリレーというよ。バトンの受け渡しの上手さでも差がつくね。

頭が切れる 08

[Atama ga kireru]

Have a head that cuts.

17

08 頭がよくて、すばやくものごとに対処できること。

Someone who is smart and sharp.

頭かくして
しりかくさず

あたま

[Atama kakushite shiri kakusazu]

09

Hide one's head but not one's behind.

【こたつ】 ふとんをかけた暖房器具。暖かくて気持ちいいし、のどが乾くからミカンがおいしい。

09 　一部だけをかくして、
　　すべてをかくせたつもりでいること。

When someone thinks that they are hiding everything, but are actually only hiding part of something.

ミッチー！　トレードマークのスカーフ、見えた‼

頭を丸める 10

[Atama o marumeru]

Make one's head round.

10 頭の毛をそって、お坊さんになること。
またはたんに頭の毛をそること。

To shave one's head to become a monk or priest,
or simply to shave one's head.

 【剃髪】 お坊さんが髪の毛をそるのは、人の社会での束縛や悩みなどを捨てて、たいらかな心持ちでいることの表れ。そらない宗派もあるよ。

あわを食う　11

[Awa o kuu]

Eat bubbles.

 【カバ】　カバはどうもうな性格で、ナワバリを示すためやおどかすために、オスはしっぽでフンをまき散らす。動物園では、かべそうじが欠かせない。

11 突然のできごとにひどく驚きあわてること。

To suddenly be surprised and panic.

朝の、

目覚まし時計の音は

ほんとうにびっくりするね。

後ろがみを引かれる 12

[Ushirogami o hikareru]

Have the hair on the back of one's head pulled.

12 気になることや心残りがあること。

To worry about the past.

ママ、行かないで～

うでがなる　13

[Ude ga naru]

My arms are ringing.

 【カーニバル】 キリスト教圏のお祭りで、ブラジルのリオのカーニバルが有名。きらびやかな衣装に、サンバのリズム、ダンスで競い合う。

13 自分の得意な力を出したくて、はりきった気持ちでいること。

The eager feeling you get when you want to do something that you are good at.

床屋さんは大はりきり。

うなぎのぼり 14

[Unagi nobori]

A climbing eel.

 【ウナギ】 ウナギは海で生まれ、川や湖で成長する。生態にはナゾも多いが、食用のうなぎは養殖がほとんど。かば焼きがおいしい。

14 物価や気温などが、見る見るうちに上がること。

When something like the price of a good (or temperature) climbs quickly over a short period of time.

365℃

急に暑くなったねぇ。

馬の耳に念仏 15

[Uma no mimi ni nenbutsu]

Chant the name of Buddha
to a horse's ear.

【念仏】 ありがたい仏さま「阿弥陀仏」に祈りながら、名をとなえること。

15 馬には念仏のありがたみが
わからないのと同様に、
助言や注意をしてもききめのないこと。

Like saying something wise to a horse
that can't understand.

せっかくお話を読んでもらっても、聞いていないかな。

うりふたつ　16

[Uri futatsu]

Two melons.

【コックぼう】　料理人がかぶるぼうし。料理人としての地位が高いほどぼうしも長いのは、日本の風習で、本場のフランスでは関係ないそう。

16

うりをふたつに割ると形がそっくりな
ことから、顔かたちがよく似ていること。

When two people look exactly alike.

【Idiom】 "like two peas in a pod"

双子はそっくりで見分けがつかない。

絵にかいたもち  17

[E ni kaita mochi]

A picture of a rice cake.

 【かがみもち】 お正月に飾るおもち。大小の丸いもちを重ねて、上にダイ
ダイというミカンを置き、白木の四角い台にのせて神仏にお供えするよ。

17 絵に描いたもちは食べられないように、実際には何の役にも立たないもののたとえ。

Something that may look or sound good but, in reality, is not useful.

政治家の言うことは、なかなか実現しません。

お<ruby>高<rt>たか</rt></ruby>くとまる　18

[Otakaku tomaru]

On a high perch.

【コウノトリ】<ruby>湿原<rt>しつげん</rt></ruby>や<ruby>水田<rt>すいでん</rt></ruby>などにすむ<ruby>鳥<rt>とり</rt></ruby>。<ruby>羽<rt>はね</rt></ruby>を<ruby>広<rt>ひろ</rt></ruby>げたときの<ruby>大<rt>おお</rt></ruby>きさは2メートルもある。<ruby>松<rt>まつ</rt></ruby>の<ruby>木<rt>き</rt></ruby>やお<ruby>寺<rt>てら</rt></ruby>の<ruby>屋根<rt>やね</rt></ruby>など、<ruby>高<rt>たか</rt></ruby>いところに<ruby>巣<rt>す</rt></ruby>を<ruby>作<rt>つく</rt></ruby>るよ。

18 人を見下して、
えらそうにツンとすましているようす。

A snobbish person who looks down on others.

おににかなぼう 19

[Oni ni kanabō]

An ogre with an iron bar.

 【ももたろう】 「もも」から生まれた男の子が活躍する日本の昔話。サルやイヌ、キジを家来にして、オニを退治する。

19 おにが金棒を持ってさらに強くなることから、強い者がさらに強くなること。

To make a strong person even stronger.

スター選手を迎え入れ、優勝できるかな?!

顔が広い 20

[Kao ga hiroi]

Have a broad face.

20 おつきあいが広く、知り合いが多いこと。

Someone who knows many people.

ミッチーのことを、みんなが知っているね。

顔を作る 21

[Kao o tsukuru]

Make one's face.

 【かかし】 作物を食べに来る鳥や動物をおどかすために、田畑に置く人形。

21 お化粧をすること。

To put on makeup.

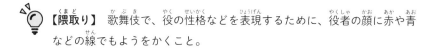

【隈取り】 歌舞伎で、役の性格などを表現するために、役者の顔に赤や青などの線でもようをかくこと。

かたを並べる　22

[Kata o naraberu]

Put one's shoulders in line.

22 競争相手と同じくらいの力を持ち、対等の位置に立つこと。

To have the same skill as your competitors.

【テスト】 日本では、テストは100点が満点のことが多いけど、国によって違うこともあるよ。5段階だったり、ABCだったり。

かたを持つ 23

[Kata o motsu]

Hold someone's shoulder.

23 その人の味方になったり、
かばったりすること。

To take sides with or support someone.

この子は悪くないヨ!!

かみなりが落ちる 24

［Kaminari ga ochiru］

Lighting hits.

 【かみなり】 雲が発達するときに生じた静電気が地表に放電されて起こる。ピカッと光ったり、ごろごろと大きな音がしたり、激しい雨がともなう。

24 かみなりが落ちるときのように、目上の人から激しくおこられること。

To be scolded by someone in a higher position.

ママのおこる声はとびきりこわい。

金魚のふん 25

[Kingyo no fun]

Goldfish poo.

 【金魚】 観賞用の淡水魚で、中国が発祥の地。日本をはじめアジアの国々でペットとして飼われているよ。

25 おおぜいの人が、ある人の後ろを
ぞろぞろと付き従うようす。

A line of people following closely behind
another person.

子どもたちは優しい先生が大好き！

口をそろえる 26

[Kuchi o soroeru]

Many mouths together.

【ツバメ】 尾の先に深い切れ込みがあり、遠距離を素早く飛ぶ。春、人家の軒下などに巣を作り、せっせとエサを運んでヒナを育てるよ。

26 おおぜいで同時に同じことを言うよう す。

When a large number of people say
the same thing at the same time.

ほらほらお水!! あらあら足のうら!!

首を長くする 27

[Kubi o nagaku suru]

Stretch one's neck.

 【ろくろ首】 首がとても長く、自由に伸び縮みするという日本の妖怪。女のことが多い。

27 楽しみなことが実現することを、心待ちにするようす。

Someone eagerly waiting for something.

 【チューリップ】 春に花がさくユリ科の植物。赤、白、黄色などカラフルなチューリップがさくと、春を感じるね。

こしが引ける　28

[Koshi ga hikeru]

Pull one's hip back.

 【スキー】　雪の上をすべったり、歩いたりする道具。すべったりジャンプ
したりする冬のスポーツもスキーというよ。

28 こわかったり自信がなかったりして、消極的になること。

To become scared or lose confidence.

 【ジェットコースター】　遊園地などにある、スリルを味わう乗り物。高い位置まで引き上げられた列車がレールをすべりおり、勢いで回転もする。

さじを投_なげる 29

[Saji o nageru]

Throw your spoon.

 【ジャグリング】 玉_{たま}や輪_わ、ナイフなどを空中_{くうちゅう}に投_なげる曲芸_{きょくげい}。さじは、スプーンのことだよ。

59

29 よくなる見込みがなくて、あきらめること。

To give up because there is no chance of
things improving.

【Idiom】 "throw in the towel"

だめだ!! むりだ!!

三拍子そろう　30

[Sanbyōshi sorou]

Three beats in time.

 【三拍子】 たいこ、つづみ、ふえなど、3種の楽器で拍子を取ること。

必要な３つの条件がそろっていること。

*Situations where the three necessary
conditions are in place.*

イチローはやっぱりすごい選手だ。

したを巻く 31

[Shita o maku]

Roll one's tongue.

 【吹きもどし】 息を吹くと、丸まっていた紙筒が伸びる笛のおもちゃ。長い舌で虫をとるカメレオンのかたちをしているね。

31 ひどく驚いたり、感心したりすること。

One's reaction to something
that is shocking or amazing.

 【一輪車】曲乗りやスポーツで使われる、車輪がひとつの乗り物。学校の
体育の時間にやったことがある人もいるかな。

しっぽを巻く 32

［Sippo o maku］

Roll up one's tail.

 【サル】　サルのなかまにはしっぽがあるのとないのとがいる。ちなみに、ニホンザルはしっぽがとても短くて、何かに巻き付けるのは無理みたい。

32 勝てそうにないと逃げてしまうこと。

To run away from a fight or unwinnable situation.

【Idiom】"run away with one's tail between one's legs"

えーっ!! 棄権しちゃうの?!

66

しりに火がつく

[Shiri ni hi ga tsuku]

33

Have a fire lit on one's behind.

【たき火】 燃える火は熱くてけむたいけど、ゆらゆらして見あきない。火を扱うのはとても危険で制限もあるから、勝手にしちゃいけないよ。

33 ものごとが差し迫っていて、
のんびりとしていられない状態のこと。

To be in a hurry.

【Idiom】"light a fire under one's behind"

マンガ家はいつも締切に追われて
ほんとうにだいへんだ。

すずめのなみだ 34

[Suzume no namida]

Tears of a sparrow.

【スズメ】 スズメは田畑の作物をあらす一方で、害虫も食べるなど、身近な鳥。昔話などでもおなじみ。

34 ほんのちょっとしかないことのたとえ。

A very small amount of something.

投げ銭いただくのも楽じゃないのね。

背を向ける 35

[Se o mukeru]

Turn one's back to.

【ゴリラ】 サルの仲間でもっとも大きく、オスは140〜180kgもある。力も強いが、気は優しく、お腹をこわしやすいなど繊細なところもある。

35 知らん顔をしたり、さからったりすること。

To ignore or go against someone.

そうはつきあっていられない。

たぬきねいり 36

[Tanuki neiri]

A sleeping raccoon dog.

【タヌキ】 タヌキはとてもおくびょうで、大きな音で気絶することがある。人を化かすとも言われ、昔話などにもよく登場するよ。

36 ねむっているふりをすること。

Pretending to be asleep.

ゲームはなかなかやめられない。

宙にまう 37

[Chū ni mau]

Fly around the air.

 【魔女】 ヨーロッパで、魔力をもつとされる女性。ほうきに乗って空を飛ぶというイメージは後年のものだとか。

37 空中で舞うように動くこと。

Move around in the air.

 【胴上げ】 おおぜいで一人の体を抱き上げ、何回か放り上げること。祝福や喜びをあらわすときにおこなう。

つぶがそろう　38

[Tsubu ga sorou]

Grains of the same size.

 【ブドウ狩り】　たわわに実ったブドウを、自分でもいで味わうブドウ狩りは、夏から秋のお楽しみ。

38 集まった人が同じように優れていること。

A group of people with similar high ability.

みんなイケメンで歌もダンスも上手だな。

手がはなせない　39

[Te ga hanasenai]

Can't take one's hand off.

39 やりかけていることがあって、 ほかのことができないこと。

When one is busy and unable to step away to do something else.

パスタをゆでているときは、
遊んであげられないよ。

てこでも動かない　40

[Teko demo ugokanai]

Won't move even with a lever.

 【ハロウィン】　カボチャのランタンは、秋のお祭りハロウィンに欠かせない飾り。魔女やお化けの仮装をして、近所を回ってお菓子をもらうよ。

40 どんなことをしても、そこから動かない。
自分の考えを絶対に変えないこと。

Someone who doesn't listen to others.

もっと遊ぶ！

手取り足取り
てとあしと

[Te tori ashi tori]

Take by the hand and by the leg.

 【バレエ】 バレエはイタリアで始まり、フランスで発展した、優雅で情感豊かな踊り。

41 細かいところまで、
ひとつひとつていねいに教えること。

To teach someone step by step.

わからないときは、
どんどん質問しようね。

どんぐりの背比べ 42

[Donguri no seikurabe]

Compare the sizes of acorns.

【ドングリ】 クヌギやナラ、カシなどの実。小さい、大きい、細長い、ずんぐり。色も、カラの形もいろいろ。

42 どれもみな、同じ程度で 特に優れたものがないこと。

A group of people that are just average.

だれが党首になってもネェ…。

荷が重い 43

[Ni ga omoi]

Carry a heavy load.

 【サンタクロース】 赤い服を着た白いひげのおじいさん。クリスマス前夜に、プレゼントを持って子どもたちを訪れるという伝説の人物だよ。

43 　負担や責任が重すぎること。

The feeling of a heavy burden or responsibility.

子どもたちがわくわくして待っているから、
サンタクロース役はどきどき。

ねこの手もかりたい　44

[Neko no te mo karitai]

Want to borrow the cat's paws.

【まごの手】　長さ30〜60cmの竹などの棒の先を手の形に作ったもの。背中をかくのに使う。それにしても「まごの手」って名前がおもしろいよね。

44 とても忙しくて、人手が足らないこと。

When one is very busy and needs help.

ねこをかぶる 45

[Neko o kaburu]

Wear a cat.

45 　本性をかくして、おとなしいふりをすること。

To pretend to be well-behaved and innocent.

いつもは元気いっぱいだけど、
今日はずいぶんおしとやかね。

熱をあげる　46

［ Netsu o ageru ］

Raise the temperature.

46 そのことばかりに夢中になること。

To be obsessed with something.

ひとめ見ただけで、
スターのこと好きになっちゃう。

のどから手が出る

[Nodo kara te ga deru]

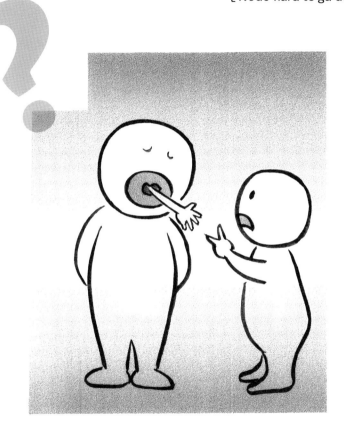

Have a hand coming out of one's throat.

47 何^{なに}かがほしくてたまらないことのたとえ。

The feeling of really wanting something.

のどがかわいたー!!

歯がたたない 48

［ Ha ga tatanai ］

My teeth can't stand up.

48 相手が強すぎて、とてもかなわないようす。

Have no chance against someone.

はくひょうをふむ 49

[Hakuhyō o fumu]

湖に氷ははったけど、まだ厚くないから危ないよ！

Step on thin ice.

49 とても緊張しながら、危険な状況にのぞむこと。

To tiptoe around a dangerous situation.

【Idiom】"Tread on thin ice"

 【ライオン】 大きくて、オスには堂々としたたてがみがあり、「百獣の王」として知られる。生息地のアフリカやインドで絶滅が心配されているよ。

100

鼻息があらい

はないき

[Hanaiki ga arai]

Breath heavily through the nose.

【カバ】　水中で過ごすことの多いカバは、目と耳で周囲をうかがいながら呼吸ができる。鼻の穴を閉じることもできるんだ。

50 とても意気込んで強気でいること。

Someone who is determined and full of drive.

横綱は自信まんまん。

鼻が高い 51

[Hana ga takai]

Have a high nose.

 【ピノキオ】 イタリアの童話の主人公。イタズラ好きな木のあやつり人形で、ウソをつくと鼻が伸びるんだって。

51 得意に思ったり、ほこりに思ったりすること。

Someone who is very proud and snobby.

メダルがとれたよ!!

鼻が曲がる　52

［Hana ga magaru］

Make one's nose bend.

52 耐えられないほど、くさいこと。

A very bad smell.

 【ドリアン】 とげとげした皮の東南アジアの果物。おいしくて栄養豊富だけど、電車などへの持ち込みを禁止する国もあるほど強くにおう。

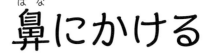

鼻にかける 53

[Hana ni kakeru]

Hang something on one's nose.

 【ゾウ】 ゾウの鼻には骨がなく、先の小さな突起で小さなものをつかんだり、水をすくったり、とても器用だよ。

53 自慢すること。

To boast about something.

わー!! オープンカーだ!!

108

羽をのばす 54

<ruby>羽<rt>は</rt></ruby><ruby>ね<rt></rt></ruby>

[Hane o nobasu]

Spread one's wings.

54 束縛から解放され、
自由にのびのびとふるまうようす。

To be released and to act freely.

夏休みになったら思い切り遊ぶんだ。

腹をかかえる 55

[Hara o kakaeru]

Hold one's belly.

55　おかしくて、大笑いすること。

To laugh very hard.

【Idiom】 "belly laugh"

 【はら踊り】　おなかに絵をかいて、みんなを笑わせる踊り。北海道の富良
野では、大勢ではら踊りをする「へそ祭り」が有名だよ。

ひざが笑う　56

[Hiza ga warau]

Have laughing knees.

56 疲れてひざがガクガクすること。

When your legs get shaky from being tired.

ひざを打つ 57

[Hiza o utsu]

Hit *one's* knee.

57 何かを思いついたりしたときにする動作。

To slap your knee when you suddenly
think of something.

将棋の世界では、
重要な勝負のときには
和服でのぞむことが多いんだ。

火花を散らす 58

[Hibana o chirasu]

花火は人に向けちゃダメだよ。

Set sparks flying.

58 互いに激しく争うようす。

An intense battle or competition.

本物の刀を使って
本気でたたかうことを
真剣勝負という。

ふくろのねずみ 59

[Fukuro no nezumi]

A mouse in a bag.

59 追いつめられて、どんなにもがいても 逃げられないことのたとえ。

A situation where someone is trapped
and cannot escape no matter what.

 【袋小路】 行き止まりになっていて通り抜けられないこみちのこと。

ふねをこぐ 60

［Fune o kogu］

Row a boat.

体を前後にゆらしながら居眠りをすること。

To fall asleep rocking back and forth.

本を読んでいるとなぜか眠たくなるね。

ふるいにかける 61

[Furui ni kakeru]

Put something through a sieve.

61 多くのなかから良いものだけを選び出すこと。

To choose the best out of everyone or everything.

【オーディション】 映画やテレビの出演者、歌手などを選抜することを目的におこなわれる。

へそを曲げる　62

［Heso o mageru］

Bend one's belly button.

 【カッパ】　水辺に住むという妖怪。川などに落ちると水中に引きずり込まれてしまうと、かつては恐れられたけど、着ぐるみのカッパは怖くないね。

62 きげんを<ruby>悪<rt>わる</rt></ruby>くして、すなおでなくなること。

To become upset or act stubborn.

<ruby>私<rt>わたし</rt></ruby>はもっとカワイイもん!!

骨休めをする 63

[Honeyasume o suru]

Rest one's bones.

63 働きつづけたあとに、心身の疲れをいやすこと。

To relax after working hard.

外にある露天風呂って気持ちいい！

道草を食う　64

みちくさ　　　く

[Michikusa o kuu]

Eat grass on the side of the road.

【ヤギ】 世界各地で乳用、肉用、毛用などとして飼育される家畜。おとな
せかいかくち　にゅうよう　にくよう　もうよう　　　　　　しいく　　　　　　かちく
しく、よく草を食べることから、除草に使われることもあるんだって。
くさ　た　　　　　　　　じょそう　つか

64

目的に向かって進まずに、途中で
ほかのことで時間を無駄にすること。

To waste time on the way to your goal.

学校が始まっちゃうよ!!

耳をかたむける みみ 65

[Mimi o katamukeru]

Tilt one's ears.

65 興味をもって熱心に聞くこと。

To listen carefully.

静かにしていると、
小鳥たちの鳴き声が聞こえてきます。

脈がある 66

[Myaku ga aru]

Have a pulse.

66 　見込みや望みがあること。

To still have a chance at winning or succeeding.

胸を打つ 67

[Mune o utsu]

Hit one's chest.

 【キングコング】 特撮映画の主人公の巨大なゴリラ。映画は1930年代に
アメリカで作られはじめ、大ヒットしたという。

67 深<ruby>深<rt>ふか</rt></ruby>く<ruby>感動<rt>かんどう</rt></ruby>させられること。

Something that is emotionally moving.

すばらしい<ruby>演技<rt>えんぎ</rt></ruby>だ。

<ruby>目<rt>め</rt></ruby>がすわる

［ Me ga suwaru ］

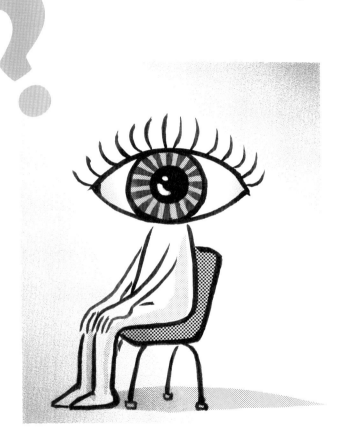

Have an *eye* that sits.

68

一点を見つめて、動かない。

ひどくおこったり、お酒に酔ったときのようす。

Someone who is staring blankly,
e.g. when getting angry or drunk.

💡 【すわる】 漢字で書くと「座る」じゃなくて「据わる」。

芽が出る 69

[Me ga deru]

Start to bud.

69 苦労の末に、幸運がめぐってくること。

To start to succeed after much hard work.

一生懸命けいこにはげんで、
関取に出世したんだね。

目がない 70

[Me ga nai]

Doesn't have eyes.

【のっぺらぼう】 人の姿をしていて、目鼻や、口がない日本の妖怪。人を驚かせて喜ぶ、いたずら好き。

141

70 あるものが、とても好きなこと。

Someone who likes something very much.

パフェ大好き！

目が回る 71

[Me ga mawaru]

Have eyes that spin.

 【回旋塔】 公園などに設置された回転する遊具。

71 非常に忙しいこと。

When one is very busy.

目を皿にする 72

[Me o sara ni suru]

大きな雪だるま、作ったね。

Use plates for eyes.

72　目を大きく見開いて、よく見ようとすること。

To open your eyes and look carefully.

イヤリングが片方見つからない。

【クリスマスツリー】キリスト教の国々では、12月にモミの木に星を飾って、クリスマスのお祝いをするんだ。

目を三角にする 73

<ruby>目<rt>め</rt></ruby>を<ruby>三角<rt>さんかく</rt></ruby>にする

[Me o sankaku ni suru]

Have triangle eyes.

73 怒ってこわい目つきをすること。

To get angry with scary-looking eyes.

遊んでいて、
失敗しちゃうことってあるよね。
きちんと謝ろうね。

目^めをつぶる

[Me o tsuburu]

うーん、いいかおり。

Shut *one's* eyes.

149

わかっていることを、見(み)なかった、
知(し)らなかったふりをすること。

To ignore something or look the other way.

キミが壊(こわ)したことは黙(だま)っていてあげるよ。

目<ruby>め</ruby>をぬすむ

[Me o nusumu]

あらあら、くまちゃんパンの目<ruby>め</ruby>を取<ruby>と</ruby>っちゃった？

Steal an eye.

75 人に見つからないよう、
こっそりものごとをすること。

To do something sneakily so you are not noticed.

黒板の前の先生に向かって、座席を並べる教室。
日本では一般的だけど、
もっといろいろな並べ方、してみない？

湯気をたてる 76

[Yuge o tateru]

Emit steam.

 【中華まん】 中にお肉や甘いあんを包んだ、ほかほかのまんじゅう。冬になると食べたくなるね。

76 ひどく怒って、興奮のあまりかっかと上気すること。

To get really angry or upset.

【Idiom】 "be steaming mad"

ぼくの大切なマンガを!!

指をくわえる　77

[Yubi o kuwaeru]

Suck on a finger.

77 自分もそうしたいのに、
何もできずに見ているしかないこと。

To feel envious when you see someone doing
something you also want to do.

人気のアイスクリーム、食べてみたい！

156

両手に花 _{りょうて} _{はな} **78**

[Ryōte ni hana]

Have flowers in both arms.

78 ふたつのよいものを同時に手に入れること。

To get two good things at the same time.

優勝して、
カワイイ赤ちゃんも生まれて!!

ことばの世界を
はせさんと遊んで

　はせみつこさんとの出会いは、もう30年以上前でした。NHK教育テレビ（現Eテレ）の「あいうえお」という番組で、子どもたちに向けて詩を読んだり、あいうえお体操をしている不思議な人でした。その不思議な人と、重い障がいのある長男祥太を通してお会いすることができました。はせさんは、詩人の谷川俊太郎さんたちと「ことばあそびの会」を設立され、障がいのある子どもたちと「あ」だけで遊べるすごい人でした。

　はせさんからお声がけをいただき、「The Japan Times」紙のバイリンガルのページに日本語のおもしろさ、豊かさを伝える連載が始まりました。「私との仕事は長くなるわよ」の予言通り、十数年間続きました。最初は日本語にとても豊富なオノマトペを紹介する4コマ漫画から始まりました。次に手がけたのがオノマトペの清音と濁音の2コマ、その次がことわざ・慣用句のIDIOMS at PLAYで、この本の元になりました。その後も、連載は日英同

音異義語と続きました。

　ミッチーは、これらの連載のために、はせさんと私の間に生まれたキャラクターです。ツンツン頭ははせさんとおそろいです。名前のミッチーも、みつこさんからいただきました。ミッチーははせさんの化身といってもよいかもしれません。はせさんはミッチーをことばの妖精としてとても大切に育ててくださいました。「ミッチーには、イヤなこととか、下品なこととか、いじわるは絶対させないで！」と、いつもおっしゃいました。そして大切に育てているうちに、ミッチーはいつのまにか、連載の途中で亡くなった祥太にもなっていたようです。

　はせさんとは、毎月お会いして打ち合わせをしました。連載が決まったときに、まず辞典をひっくり返し、絵にしたらおもしろくなりそうなものをリストアップしました。その中から週に1回1か月分を選び出して、どんな絵にするかを話し合います。毎回とても長時間になってしまうので、いつのまにか我が家に来ていただくようになっていました。はせさんは、夫の手料理をとても楽しみにして、私の家族と夕食を共にしました。打ち合わせの間には、おもしろい話で大笑いしたり、得意のパントマイムで登場人物を演じてくださったり、私にとっても

たいへん楽しい豊かな時間でした。

　毎週打ち合わせに沿って簡単な絵にしたものを、メッセージを添えてファックスではせさんに送ります。「はせさん、暑くなりましたねえ！　お元気でしょうか？　こんな絵になりました。いかがでしょう？」その後電話で調整して本番の絵を描く。私は絵を、はせさんは文章を新聞社に送る。そんなやりとりが深夜になることも度々でした。そしてはせさんは、掲載されたものの感想を必ず私に伝えてくださいました。

　はせさんは「あいうえお」の伝道師として、海外へ何度も出かけていました。渡航中も、毎週のファックスのやりとりは欠かしませんでした。「私はコマみたい。くるくる回ってないと倒れちゃうの！」とおっしゃっていた通り、いつもいつも超忙しいはせさんでした。

　今は天国にいらっしゃるはせさんが喜んでくださるよう、この本が多くの皆さんに楽しんでいただけるよう、心から願っています。

2020年8月　中畝治子

さくいん （数字は奇数ページ右端の通し番号）

はせ みつこ（波瀬満子）

ことばパフォーマー。劇団四季、仮面座を経て、1977年、詩人谷川俊太郎らと「ことばあそびの会」を設立。詩やことばを構成・演出・自ら演じる「ことばパフォーマンス」のジャンルを確立し、シアターX、こどもの城青山円形劇場、新国立劇場などで展開。ことばあそびの舞台「やってきたアラマせんせい」は560回、13年間にわたり全国を巡演。1993年より6年間、NHK教育テレビ「あいうえお」にレギュラー出演。作家として、障害児教育とことばの探求者として、多岐にわたる活動を続けた。2012年逝去後、活動は一般社団法人ウリポ・はせ・カンパニーに引き継がれている。
著書・編著に『あたしのあ あなたのア』（太郎次郎社）、『しゃべる詩 あそぶ詩 きこえる詩』（冨山房）、『ことばあそびのたび』（くもん出版）、CDに「おひさまのかけら」（フォンテック）ほか多数。

中畝治子（なかうね はるこ）

日本画家。イラストレーター。東京生まれ。東京芸術大学大学院修了。国宝伝真院曼荼羅、南蛮屏風、松島瑞巌寺障壁画など数々の文化財復元模写事業に参加。日本画グループ展「いろほ会」、夫との「二人展」などで、子育ての中で感じた、心に留めておきたい子どもたちの姿を発表。『医療的ケアハンドブック』（大月書店）をはじめ、医療・福祉関係の挿絵、イラストを多数描いている。東洋英和女学院小学部講師、宇都宮共和大学教授、立教女学院短期大学教授としても指導にあたった。
はせみつことの共著に『ミッチーのことばあそび ひらひら きらり──擬音語・擬態語1・2・3』（冨山房インターナショナル）、中畝常雄との共著に『障害児もいるよ ひげのおばさん子育て日記』（フェミックス）。

デザイン● 新藤岳史
英語翻訳● リングァ・ギルド
英語監修● 岡田順子（ELEC同友会英語教育学会語彙指導研究部長）

初出● The Japan Times「IDIOMS at PLAY」2007年4月〜2009年3月

ミッチーの日本語・英語でことばあそび　　　　NDC 814

絵っ?でみる ことわざ・慣用句

2020年9月25日　初版第1刷発行

著　者：はせみつこ・中畝治子
発行者：竹村正治
発行所：株式会社 かもがわ出版
　　　　〒602-8119　京都市上京区堀川通出水西入
　　　　TEL 075-432-2868　FAX 075-432-2869
　　　　振替 01010-5-12436
　　　　http://www.kamogawa.co.jp

印刷所：シナノ書籍印刷株式会社
製本所：東京美術紙工協業組合　　　　　ISBN978-4-7803-1107-5 C8081　Printed in Japan